Katzen Träume

Gedichte
Katzenliebe - Katzentriebe

von

Ingeburg Freigang

Bibliografische Informationen der Deutschen Nationalbibliothek:
Die Deutsche Nationalbibliothek verzeichnet diese Publikation in der Deutschen Nationalbibliografie; detaillierte bibliografische Daten sind im Internet über http://dnb.d-nb.de abrufbar.

© 1. Auflage: Dezember 2014
Ingeburg Freigang
http://wortschatzinsel.de
Illustrationen & Coverbild:
A. Gavini

Herstellung und Verlag:
BoD – Books on Demand, Norderstedt
ISBN: 9783734741388

Inhaltsverzeichnis:

5	Katzenphilosophie
6	Die Beschwerde
7	Hundewetter
9	Die kesse Katze
11	Die Depression
13	Das Kätzchen und die Maus
15	Katerstimmung
17	Katzentraum
22	Transalpin Basel – Wien
24	Das Wiener Pärchen
25	Katzenköche
28	Relaxen
30	Kräuter machen Appetit
32	Ostern
33	Die schöne Henriette
34	Kunibert
35	Der Geistreiche
36	Katzenschicksal
37	Kater John
39	Maikätzchen
42	Pflichtbewusst
44	Katzenkids
47	Schlafenszeit
48	Anhang

Schnurren
Schmusen
Schmunzeln

*

Verzaubern
Verwöhnen
Verwünschen

*

Faszination Katzen

***

Katzenphilosophie

*

Wer hat uns Katzen beigebracht,
die Maus zu jagen?
Ich muss schon sagen
mir schlägt es heut' noch auf den Magen!

Die kleinen, feinen und zarten Geschöpfe
gehören nicht in Katzentöpfe!

Welch' Gedanke könnte sich entblößen
und manche Jagd und Feindschaft lösen?
Wenn Frieden wäre mit Katz und Maus
und sie zusammen im Katzenhaus
sich glücklich vereinen,
unter Schnurren und Piepen,
am Schwänzchen ziepen,
Leben - einfach genießen!

Mit Schampus begießen,
sich ehren, begehren ...
das könnt doch weiß Gott -
uns keiner verwehren!

Die Beschwerde

*

Der Hund und die Katz',
für viele Leute, ein wahrer Schatz.
Doch was ich nicht verstehe, ist,
weshalb sagt jeder HUND und Katz?
Weshalb nicht KATZ und Hund?
Glaubt ihr wirklich, da gibt's ein Grund?

Wie soll'n wir Katzen das ertragen?
Ihr Menschen, könnt ihr uns das sagen?

Die Hunde bleiben nie allein
und sind nicht mal stubenrein.
Trotz dass wir auch viel mehr verpennen
Solltet ihr uns vor dem HUND nennen!

***

Hundewetter

*

Draußen stürmt und regnet's stark.
Im Haus gefangen, das ist arg!
Duster, kalt und ganz allein.
Karlos findet das nicht fein!

*

Schlechte Laune, müde Knochen,
geht das nun seit vielen Wochen!
Karlos will dies schnell beenden.
Schleicht hinaus, beäugt die Enten.

*

Diese sind vergnügt und froh.
Hocken nicht wie sonst im Stroh.
Schnattern und bespritzen sich,
watscheln um den Gartentisch.

*

Karlos denkt: die sind so heiter.
Steigt hinauf die Bodenleiter.
Gähnend sitzt in einer Ritze,
Nachbars schöne Tigermieze.

*

Er miaut in milden Tönen.
Ihm entfährt ein sanftes Stöhnen.
Seine Augen leuchten heller.
Herzchenpochen wird noch schneller!
*

Kätzchen ist von ihm entzückt!
Ihr Herzchen hämmert wie verrückt.
Sie wird immer, immer netter...
Wen stört da das Regenwetter!?

***

Die kesse Katze

Eine dünne, graue Katze
schnitt jedem eine Fratze.

Die Leute fragten sich entsetzt,
weshalb sie das wohl macht?
Doch Kätzchen wunderte sich nur,
warum man da nicht lacht?

Sie gab sich dabei große Müh,
verbog sich Bart und Ohren.
Sie übte täglich spät und früh,
war dazu auserkoren.

Die Menschen fanden es nicht toll
und fragten sich was das wohl soll!

Die Katze aber war sich sicher:
Irgendwann gibt's ein Gekicher!

Alle soll'n vor Lachen platzen
über ihre kessen Fratzen!

Die Depression

*

Kater Mauz hat alles satt!
Seit Tagen liegt er in der Ecke,
versteckt sich unter dunkler Decke.
Er hat die große Depression!

*

Er dreht sich hin, er dreht sich her,
ein Katzenleben ist so schwer!
Mauz schwelgt in vergangnen Zeiten.
Deshalb muss er schrecklich leiden!

*

Ach, lasst mich alle doch in Ruh!
Die Augen lass ich lieber zu.
Es schmerzt zu sehr, das Älterwerden.
Kein Frauchen mehr und die Beschwerden!

*

Wie war es einst so wunderschön,
zu flanieren längs der Alleen,
unter mächtigen Platanen,
mit den schönsten Katzendamen!

*

Oh, was waren das für Zeiten!
Da war ich längst nicht so bescheiden.
Die Kater blieben alle hocken,
den Damen kam das Blut ins Stocken!

*

Das könnt ihr glauben oder nicht.
Ich leide - aber lüge nicht!
Oh, ja ...
Ich bin ein armer Wicht!

***

Das Kätzchen und die Maus

*

Kätzchen hat die Maus erwischt,
die wiederum, piepst und zischt.
Sie war so richtig am Genießen,
als Katze kam, ums zu vermiesen.

*

Was ist das für ein Rebellieren.
Das sind ja schreckliche Manieren.
Jetzt werden schon die Mäuse laut.
Dass Katzen es vor ihnen graut?!

*

Die Freude an dem kleinen Biest,
ist Kätzchen echt vergangen.
Sie zu verspeisen mit Genuss.
Was da noch bleibt, ist nur Verdruss.

*

Kampfesunlust hat nun diese.
Setzt das Mäuschen auf die Wiese.
Weshalb soll ich mich so plagen,
es schlägt heftig auf den Magen.

Da saßen sie nun beide,
inmitten auf der Wiesen.
Eine rechts, die andre links.
In Muße, am Genießen!

***

Katerstimmung

*

Kater schlau und Herrchen blau
wohnten unter einem Dach.
Konnten beide nicht verhindern,
dass sie öfter hatten Krach.

*

Herrchens bester Freund, die Flasche,
trug schuld an seiner leeren Tasche.
Kater konnte dies nicht leiden,
doch musste jeden Streit er meiden.

*

Wenn Herrchen war, von Bier so krank,
schlich Kater hin zum Speiseschrank.
Bediente sich hier ohne Bange,
Rausch ausschlafen - dauert lange!

*

Voll gestopft bis hoch zum Bart,
denn er wusste ... es kommt hart!

*

Nun ging's los, im Bett wurd's munter.
Kater tauchte blitzschnell unter.
Lag gut satt, da auf der Matte.
Kümmert's ihn, ob DER was hatte?

*

Herrchen konnte nichts mehr finden.
Leere klaffte aus dem Schrank.
Kater rieb sich's runde Bäuchlein.
Schnurrt zufrieden: Gott sei dank!

***

Katzentraum

*

Hoch oben in den Ästen,
ganz eingehüllt vom Blätterdach,
wird Kätzchen von dem Traume wach.

*

Sie träumte wundersame Sachen,
die Katzen sonst nie wirklich machen.
Sie fuhr auf einer schnellen Harley,
mit ihrem Traumprinz Marvey.

*

Ganz schnittig sahen die beiden aus,
mit Sturzhelm und in Lederglanz.
Wie Fähnchen, wehte da ihr Katzenschwanz.

*

Es war ein herrliches Gefühl.
Auf der Harley, durchs Großstadtgewühl
und raus dort, mit Speed auf den Highway.
Das war supergeil ... hey!

*

Sie sausten durch Tunnel und enge Gassen.
Kätzchen konnte es selbst kaum fassen.
Es war schon immer ihr größter Traum,
was sie hier träumte - hoch oben im Baum.

Die Himmelsleiter

*

Klein Tigerle ganz oben stand,
hoch oben auf der Leiter.
Er träumte von der weiten Welt
und von der Himmelsleiter.

*

Er träumte von den vielen Sternen.
Der Sonne und den Wolken.
Dem Mond, der sich so oft verändert.
Von alldem was da liegt im Fernen.

*

Er wollte auf den Sternen stehen.
Liegen auf den Wolken.
Vom Winde sich bewegen lassen.
Fliegen wie auf Untertassen.

*

Dem Mond mal richtig nahe sein.
In dunklen Wolken schlafen.
Die vielen, vielen Sterne sehen.
Das wäre alles wunderschön.

*

Eins ist ihm allerdings schon klar,
dass noch niemand bei der Sonne war.
Sie ist so heiß und blendend für Augen.
Die kann als Ausflugsort nichts taugen.

*

Von diesem Wunsch kam er nicht los.
Wie komm ich hoch, wie mach ich's bloß?
Im Traum da gibt's die Himmelsleiter.
Ich hab's - ich werde Flugbegleiter!

*

Der Traum wurd' wahr.
Er war im Flieger.
Doch fühlte er sich,
wie ein Krieger !

*

Er wollte raus zu seinem Traum.
Die Türen zu, man glaubt es kaum.
Wie konnte er sich nur so täuschen.
Er war am Fauchen und am Keuchen.

*

So hat' ichs mir nicht vorgestellt.
Das ist bestimmt nicht meine Welt.
Na klar, warum hab' ich vier Beine.
Hier oben, da braucht man keine.

*

Ach bitte, bitte lieber Gott.
Lass uns ganz schnell nach unten.
Die große Abenteuerlust,
ist längst schon überwunden.

*

Wenn ich mal wieder träumen will.
Von diesem großen All.
Dann steige ich die Leiter hoch,
In meinem Ziegenstall.

***

Transalpin Basel-Wien

*

Die Katze saß im Zugabteil.
Zug fahren fand sie obergeil!
Sie fuhren ohne Aufenthalt,
vor Freude war'n die Pfoten kalt!

*

Der Schaffner fragt: „Wo willst du hin?"
„Ich will natürlich bis nach Wien!"
„Wo kommst du her, du kleines Tier?"
„Schau selbst, das ist mein Fahrschein, hier!"

*

Die Leute staunten da nicht schlecht.
Dem nebenan, war das nicht recht.
„Was soll die Katze neben mir?
Dies ist kein Zugabteil für's Tier!"

*

Ein kleiner Bub war ganz entsetzt
und fühlte sich von ihm verletzt.
Was hatte er nur gegen sie?
Der Dicke war doch hier das Vieh!

*

Das konnte er nicht gelten lassen,
wie kann man nur ein Kätzchen hassen?
Formte rasch ein Knöllchen Pappe,
schoss es dem Dicken auf die Klappe.

*

Der hielt vor Schreck die Hand am Mund.
„Zum Meckern gibt's hier keinen Grund!
Wem das nicht passt, muss weiter ziehen.
Das Kätzchen fährt bestimmt nach Wien!"

***

Das Wiener Pärchen

*

Katz und Kater gehen im Prater,
mitten auf den Wegen,
spazieren.

*

Was ist dabei - ich ein Kater,
mitten im Prater, wen störts?
Mit Mäulchenmautz mei'm Mädchen,

*

Spazieren - denkt Kater,
warum nicht, mit all den Leuten.
Mit und ohne Manieren?
Spazieren!

*

Mich nicht, die Leute nicht und
Mäulchenmautz ist ganz entzückt,
mit mir DEM Kater
zu spazieren hier im Prater!

***

Katzenköche

*

Die Küche ist der Lieblingsort
von manch' verwöhnten Gaumen.
Wenn wir Katzen kochen könnten
würden viele von euch staunen!

*

Wir wären darin sehr geschickt.
Die Kräuter in den Topf geknickt.
Die Beeren obendrauf, ein Lendchen
von der dicken Maus -
fertig wär der Katzenschmaus.

*

Feine Leberspießchen vom Grill.
Hmm ... Ochsenmaul mit Dill!
Knackig' Knöchel, Huhn oder Hahn.
Für den gesunden Katzenzahn.

*

Zwischendurch auch mal was Süßes.
Katzen lieben auch dieses.
Schokolade, Kekse, Kuchen...
Endlich danach nicht mehr suchen!

*

Nicht zu vergessen, das Lieblingsessen.
In allen Variationen - Fisch -
Gekocht, gedünstet, roh und frisch.
Käm' täglich auf den Katzentisch!

*

Auch Backen würde Freude machen.
Pizzateig ganz rund und bunt,
mit Wurst und Mozzarella.
Ein duftend' Stück auf jeden Teller.

*

Dazu ein Glas gepflegten Wein.
Kann roter oder weißer sein.
Fein abgestimmt in all'n Nuancen.
Ihr Herrscher der Küchen, hättet null Chancen!

*

Wenn die Welt sich so verändert,
dass wir das Sagen haben.
Dann endlich werden wir uns laben,
an all' den guten Gaben!

*

Ein paar von Euch die hätten Glück.
Die uns auch jetzt schon achten.
Doch all' die anderen von euch,
die lassen WIR dann schmachten!

*

Was gibt es hierzu noch zu sagen.
Alles geht doch durch den Magen.
Ob Liebe, Hass und leck're Bissen.
Wer möchte das denn schon vermissen?

*

Die Küche mit dem goldnen Herd
Ist immer einen 'Angriff' wert!

***

Relaxen

*

Rund gerollt wie eine Schnecke,
faul und wohlig auf der Decke,
schlummert Julchen und relaxt.

*

Spielt ein dreister Sonnenstrahl
direkt auf Kätzchens Nase.
Pfötchen müssen sich nun lösen
aus ist's mit dem Katzendösen!

*

Der Sonnenstrahl tanzt frech und munter
auf dem Näschen hoch und runter.
Julchen wird es jetzt zu bunt,
schon ist sie nicht mehr schneckenrund.

*

Versucht den Frechdachs zu vergraulen,
beginnt zu kratzen und zu jaulen.
Der Strahl stupst weiter Kätzchens Nase.
Es spitzt die Ohren, wie ein Hase.

*

Der Sonnenfaden kitzelt weiter.
„Ich lass mich doch nicht länger ärgern!"
Jetzt kann er machen was er will,
ich halte einfach nicht mehr still!"

*

Alle Pfötchen in Bewegung,
der Ärger groß, die Laune weg.
Nichts mit Ruhe und dergleichen,
Julchen muss dem Strahl jetzt weichen!

***

Kräuter machen Appetit

*

In einem schönen Kräutergarten,
da sah man Kater Bobby warten.
Beim Löwenzahn und Scharbockskraut.
Er freute sich auf seine Braut.

*

Angelika und Myrtenkerbel,
Eberesche, Eisenkraut,
Adonisröschen und Holunder,
alles andre ... ging da unter!

*

Die Leidenschaft und dieser Duft
vereinten sich zu süßer Luft.
Er konnte schwer es noch erwarten
in diesem schönen Kräutergarten.

*

Weiter ging's zur Knoblauchrauke,
als er den Augen nicht mehr traute.
Mitten in dem Scharbockskraut
erblickte er die holde Braut.

*

Sie trieb's mit dem vom "Wilden Hirschen",
nebst Engelwurz und Kornelkirschen,
Lorbeer, Salbei, falsche Kapern.
Weshalb da noch von Liebe labern?

*

Vor Schreck ganz still in blauen Veilchen
wartete er noch ein Weilchen.
Gekränkt schlich er zur Felsenbirne
und dachte sich: Du blöde Dirne!

*

Kater ging zur Brombeerhecke.
Stand da nicht die kleine Kecke?
Kreuzdorn, Giersch und Weinbeerlauch,
warte nur ... das kann ich auch!

***

Ostern

*

Käthchen und das Osterei.
Das sind fürs Erste schon mal zwei.

*

Das Ei es rollt und bricht entzwei.
Dies ist doch eine Schweinerei!

*

Käthchen geht den Besen suchen.
„Das Ei muss in den Osterkuchen!"
*

Wer soll sich an dem Kuchen laben?
Schmeckt sicherlich nach Küchenschaben!
*

Wir Katzen sind zwar keine Bäcker.
Zu Ostern schmeckt es trotzdem lecker!

***

Die schöne Henriette

*

Die Schönheit ist ganz meine Art,
ihr seht es hier an meinem Bart.

*

Schmusen, schnurren und verbiegen,
ist kein Ding ... das hinzukriegen.

*

Damit löst sich mancher Wunsch
zu einem wahren Freudenpunsch!

*

Schwänzchen übt die Pirouette,
ich bin die schöne Henriette!

***

Kunibert

*

Den Schwerenöter Kunibert
traf so manches scharfe Schwert!
Doch gibt er niemals wirklich auf.
Schnell ist er wieder oben drauf!

*

Der ganze Körper ist lädiert.
Dem Schwanz fehlt fast die Hälfte.
Doch das ist nicht was interessiert,
bei Turbulenzen das passiert!

*

Mit Schmerz verzogenem Gesicht,
in all' den Knochen schon die Gicht,
melden starke Katertriebe
Hoffnung auf die Katzenliebe.

*

Ein Auge zu, ein Auge auf,
am liebsten wär' er obendrauf.
„Ob sie sich stört an meinem Schwanz?
Ach was! Hauptsache ich kann's!"

***

Der Geistreiche

*

Salomon mit dem Monokel,
sitzt auf dem Bett wie Oscar Gockel.
Er schielt vor lauter Geistesstärke
und kennt fast alle Meisterwerke.

*

Ist schlau und hintertrieben,
hat Briefe schon geschrieben.
Doch eines weiß er dennoch nicht,
wieso wird's dunkel, wieso gibt's Licht?

*

Er überlegt, er denkt und brütet,
Salomon wird langsam wütend.
Kann das mir wer verraten?
Ich bin schon am Verzagen!!

*

Das hört die kecke Mietsu
und fragt ihn: „Sag mal, spinnst du?"
Kopf zermatern - im Bette sitzen,
lass lieber uns darinnen schwitzen!

***

Katzenschicksal

*

Ich bin die Katze Isodor
und trage KEINEN Trauerflor.
Mein Jimmy war ein schlimmer Feger,
das kann bestätigen ein Jeder!

*

Mich nahm er nur zum Zeigen vor
und säuselte mir falsch ins Ohr.
Vom Dache stürzte er des Nachts,
mich entrüstete es ... ach!

*

Ich konnte keine Träne weinen,
er war zu andern auf den Beinen!
Ich hab ein buntes Fellchenkleid,
das lass ich mir nicht schwärzen.

*

Mit Liebe und dem Treueeid
sollte man nicht scherzen!

***

Kater John

*

Der Tag ist schön, der Hunger groß,
der Kater schleicht mal wieder los.
Mit einem Sprung geht's auf die Mauer,
mucksmäuschenstill hier auf der Lauer.

*

Ja, jetzt weiß er wo's was gibt,
er kann es schon vernehmen.
Der wohlbekannte Kaffeeduft
liegt leidenschaftlich in der Luft.

*

Wo's Kaffee gibt, das ist doch klar,
ist's mit dem Süßen auch nicht rar.
Gut, das Kater all dies liebt,
was Mensch so auf die Teller schiebt.

*

Mit einem Satz springt Kater John,
auf Omas sauberen Balkon.

*

Oma Gerti hat's gemütlich
und sie freut sich wirklich gütlich
auf den frisch geback'nen Kuchen.
Nur noch schnell, die Sahne suchen.

*

Hmm! Der Kuchen, wie er wartet,
gerade so, wie Kater auch.
Nur nicht all zulange zögern, schwups,
verschwunden schon, in Kater's Bauch!

*

Gerti wird's ihm eh' nicht danken.
Noch riskiert nen' Blick er keck
und bevor die Sache auffliegt,
geht's im Tiefgang blitzschnell weg!

*

Oma steht am Tisch betroffen.
Kann's nicht fassen, was geschah.
Von dem wunderschönen Kuchen
ist kein einzig' Stück mehr da!

*

Gerti hätte es wissen müssen?!
In zutiefst enttäuschtem Ton
rief sie: „Das war Kater John,
der hinterhältige Patron!"

***

Maikätzchen

*

Kätzchen ist im Mai geboren.
Sieht noch aus wie frisch geschoren.
Taumelig und ganz verträumt.
Keine Angst, wird nichts versäumt!

*

Bist noch klein und unerfahren,
musst viel lernen in den Jahren,
die jetzt kommen und vergehen.
Es wird schön, wirst schon sehen!

*

Manches Mäuschen wird dich necken,
mancher Hund wird dich erschrecken,
wird nicht immer einfach sein,
doch ich lass dich nicht allein!

*

Beide sind wir ganz, ganz stark.
Geht's mir schlecht, wirst du mich trösten.
Dann ist alles wieder gut.
Gemeinsam machen wir uns Mut!

*

*

Siehst du, so wird's sein in Zukunft.
Freundschaft heißt das Schlüsselwort.
Keiner schickt den andern fort.
Ich gebe dir mein Ehrenwort!

*

Wenn Mensch und Tier zusammenhalten
gibt es keine Kummerfalten.
Alle suchen nur das eine.
LIEBE – gibt es ohne Scheine!

***

Pflichtbewusst

*

Mutter werden ist nicht schwer,
Mutter sein dagegen schwer!
Die Katzenmutter hat's im Griff
durch den wohlbedachten Biss.

*

Die Babys sind schon putzemunter,
vom Speicherboden geht's nicht runter.
„Was hat die Mama mit uns vor?"
Miauen sie im Katzenchor.

*

Die Mutter bleibt ganz streng und eisern,
mit ihren kleinen Hosenscheißern.
Sie hängen wie an einer Leine,
die Knäulchen und die Wuschelbeine.

*

Die Kätzchen baumeln und sie hoffen,
dass Mamas Maul mal wieder offen.
Langsam wird's ihn' doch zu dumm,
vom Schaukeln sind sie schon ganz krumm!

*

Doch Mutter schreitet ohne Pause:
„Wir stammen aus sehr gutem Hause!
Hier herrscht Ordnung und Gesetz,
da ziemt sich kein Gehetz'!"

*

Kinder hin und Kinder her,
Erziehung war schon immer schwer.
Eine gute Katzenmutter
sorgt nicht nur für' Katzenfutter!

***

Katzenkids

*

Kleine weiche Kätzchen,
spielen hoch oben im Stroh.
Alle fünf Geschwisterchen,
sind vergnügt und froh.

*

Sie hüpfen und sie springen,
sie tätscheln mit den Pfötchen.
Das Stroh knickt gold'ne Knötchen,
und alle sind sie froh.

*

Das eine stupst das andere.
Das Graue fällt dem Pantherle
gerade auf den Po
und alle sind sie froh.

*

Das Schwarze mit dem weißen Fleck,
ist für sein Alter schon recht mutig.
Kraucht durch's Stroh geradeaus.
Und plötzlich, ist es weg!

Die anderen stört's weniger,
sie spielen fröhlich weiter.
Im Stroh wird Fitness groß geschrieben
und alle sind so heiter.

*

Das Schwarze hat 'ne Maus entdeckt.
Die Maus war sehr erschrocken.
Doch als sie dieses Kätzchen sah,
da blieb sie einfach hocken.

*

Sie piepste: "Was bist du für Eine?"
Kätzchen stand auf einem Beine,
plumpste rücklings in das Stroh.
Beide war'n sie froh!

*

Mäuschen wurd' aus dem nicht schlau.
Sie wusste es doch haargenau,
die Katzen können ruckzuck fassen,
drum sollte sie dies lieber lassen?!

*

Das Mäuschen huschte blitzschnell weg,
es wurde zu gefährlich!
Das Kätzchen fand das gar nicht nett
und überhaupt nicht ehrlich!

*

Die anderen, sie spielten noch,
als Kätzchen aus dem Strohloch kroch.
Es drängte mitten sich hinein,
das Mäuschen war ihm doch zu klein!

*

Der Tag verging, der Abend kam,
das Gold wich aus dem Stroh.
Die Kätzchen rückten dicht zusammen
und schliefen fest und froh.

***

Schlafenszeit

*

Mimijau und mimiju
Kätzchen mach' die Äuglein zu.

*

Bist gesprungen und geschlichen.
Viele Stunden sind verstrichen.

*

Mimijau und mimiju
Kätzchen schlaf in guter Ruh!

***

Die Autorin *Ingeburg Freigang* veröffentlichte 2011 ihr erstes Kinderbuch: ‚Quendolin der Zauberer' speziell für Kinder mit Sprachverzögerungen und Kindern mit Migrationshintergrund.
Geschichten, Reime und Lernspiele zum vorlesen und für Erstleser.
2014 wurde ihr 2. Buch für Kinder ab 12 Jahre: ‚Juliette Fortuna' – ein Kinderroman aus den ligurischen Alpen veröffentlicht.
In Anthologien finden sich Erzählungen, die ihre Liebe zur Natur widerspiegeln und aus ihrer Fantasie entspringen märchenhafte Geschichten. Aus ihrer langjährigen pädagogischen Tätigkeit resultieren immer wieder Texte, die psychosoziale Themen ansprechen, die aber immer mit Humor und Augenzwinkern zu betrachten sind.

Die Katzengedichte entstanden spontan 2002 nach einem Urlaubsaufenthalt auf Mallorca.
Ein Haus, aus denen acht Katzen, aus acht Fenstern blickten, inspirierte sie zum Schreiben!